AF232268

27
12
1951

NOTICE BIOGRAPHIQUE

SUR

LE DOCTEUR J.-B. FLEURY,

PAR **V. NIVET**,

Professeur-adjoint à l'école préparatoire de médecine et de pharmacie de Clermont, docteur-médecin de la faculté de Paris, ex-interne en médecine et en chirurgie des hôpitaux de Paris, membre résidant de l'Académie des sciences et belles-lettres de Clermont, membre honoraire de la société anatomique, membre correspondant des sociétés médicale du Temple et médico-chirurgicale de Paris correspondant de la société de médecine de Hambourg, etc.....

CLERMONT,

IMPRIMERIE DE THIBAUD-LANDRIOT FRÈRES,

Rue Saint-Genès, 10.

1844.

NOTICE BIOGRAPHIQUE

SUR

LE DOCTEUR J.-B. FLEURY.

Discours lu à l'Académie des sciences, belles-lettres et arts de Clermont, le 7 décembre 1843.

MESSIEURS,

C'EST une entreprise bien dangereuse que d'apprécier un homme, lorsque l'admiration exagérée de ses amis et les haines de ses ennemis n'ont pas encore eu le temps de se refroidir. Je n'aurais pas osé entreprendre cette tâche délicate, si je n'avais pensé que votre indulgence me viendrait en aide, et que ma bonne foi me servirait de rempart contre la malveillance et l'enthousiasme ; si je n'avais pensé surtout qu'étant trop jeune pour avoir été le rival de celui que nous avons conduit à sa dernière demeure, on voudrait bien croire à mon impartialité.

Ce préliminaire vous annonce que je vais vous parler de l'un de mes confrères.

Le 9 août 1843, on apprit à Clermont que le docteur J.-B. Fleury était mort la veille, à sa maison de campagne de Lyde, à l'âge de soixante-six ans.

Le chagrin profond et les vifs regrets qui éclatèrent dans notre ville, à l'époque où se répandit cette fâcheuse nouvelle, nous montrent combien il avait su mériter l'estime de ses compatriotes ; le découragement qui s'empara du plus grand nombre, et qui fit craindre qu'on ne pût lui trouver un successeur capable de le remplacer, vous donnent la mesure de ses talents et de sa réputation.

Acceptons l'éloge que renferme ce jugement du peuple, mais ne perdons pas toute espérance; car si la terre engloutit les hommes, elle n'a pas le privilége d'anéantir le talent et la science ; ne désespérons pas de l'avenir, car le chirurgien que nous regrettons, a laissé des élèves et des imitateurs.

Fleury, né à Gerzat, le 15 avril 1777, est le fils d'un notaire généralement estimé.

Elevé d'abord près de son père, il fut envoyé de bonne heure à Clermont, où il suivit les cours du collége. Il avait quinze ans à peine, lorsque la révolution française éclata; les colléges furent fermés, et il ne put compléter son éducation littéraire.

Ce fut alors qu'il embrassa la profession de médecin.

Bonnet, homme de talent et de cœur, avait ouvert à l'Hôtel-Dieu des cours d'anatomie et de chirurgie, qui devinrent rapidement célèbres. Fleury suivit les leçons de la nouvelle école, et rivalisa de zèle et d'activité avec ses condisciples, qui sont devenus comme lui des célébrités médicales ; les Biett, les Breschet, les Mossier, les Lavort et les Bertrand (1).

Quelques années plus tard , la France , menacée par l'étranger, organisait des armées, et livrait des batailles meurtrières. Le gouvernement s'aperçut bientôt que le nombre de ses chirurgiens militaires était insuffisant, il sentit le besoin de former des élèves , et les écoles de santé furent créées.

Les districts des départements, autorisés à envoyer à Paris un nombre limité d'élèves privilégiés , choisirent parmi les plus capables et les plus laborieux ; M. Lavort fut désigné par la ville de Clermont.

Fleury qui comprit toute l'importance de ce

---

(1) *L'Ami de la Charte*, du 26 août 1843.

nouveau poste, sollicita la même faveur, et grâce à la protection de son oncle Bonnefoi, il fut nommé par le district de Besse.

Après de pénibles adieux, le nouvel élu arrive enfin *dans la Capoue des hommes sans activité, dans la terre promise des travailleurs;* Paris se présente à lui avec ses séductions sans nombre, avec ses immenses ressources d'instruction ; il est jeune, passionné, turbulent, plein de sève et d'ardeur, et cependant il n'hésite pas, l'amour de la profession l'emporte, et met un frein à ses passions. Quelques journées sont consacrées, sans doute, aux plaisirs, mais les veilles de la nuit rachètent largement les heures perdues pour le travail.

Fleury était heureux alors, il avait une constitution saine et vigoureuse, et de grandes espérances ; il était bien loin de prévoir les douleurs qui menaçaient son avenir. Sa pension était modique, mais il ne fut jamais exposé à recevoir les enseignements de la pauvreté, ni à refuser, comme Dupuytren, les aumônes d'un collecteur de partisans (1).

---

(1) J'ai lu quelque part, qu'un jour Dupuytren, manquant de bois, s'était couché pour réchauffer ses membres engourdis, et que Saint-Simon, qui avait deviné et son génie et sa gêne, voulant se l'attacher, vint lui rendre visite. En sortant, il laissa

Le jeune élève était avide de travail et de gloire, il voulait répondre dignement à la marque de confiance que lui avaient donnée ses compatriotes ; il s'occupa avec une grande activité de ses études, et bientôt il s'éleva au niveau de ses contemporains les plus instruits. Il fut successivement nommé aide d'anatomie et élève de l'école pratique de médecine de Paris, qui le couronna en 1800. Peu de temps après il obtint la place de prosecteur en remplacement de Dupuytren qui venait d'être appelé à d'autres fonctions.

C'est pendant cette période de sa vie, qu'il fit preuve d'un talent de dissection remarquable, et qu'il découvrit les canaux veineux des os du crâne ; nous reviendrons plus loin sur cette découverte. Il marchait vite dans la carrière médicale ; car chaque année était marquée par un concours dont il sortait victorieux. En 1803, il fut nommé interne des hôpitaux civils de Paris, et fut attaché, en cette qualité, à l'Hôtel-Dieu. En 1804, la société philantropique lui accorda le titre de médecin du deuxième dispensaire.

---

sur la cheminée de la chambre du jeune savant, un rouleau de pièces d'or. Dupuytren s'en étant aperçu, s'habilla à la hâte, courut après lui, et lui rendit son aumône.

Des succès si brillants obtenus dans une ville où il est bien difficile de se faire remarquer, retentirent jusqu'au fond de la province où il était né ; il grandit aux yeux des Clermontois, comme il avait grandi aux yeux de ses condisciples et de ses professeurs, et lorsque Bonnet fut devenu trop vieux et trop infirme pour professer, la voix publique et les vœux de l'administration furent unanimes pour désigner Fleury, comme étant le plus capable de remplacer le créateur de l'école secondaire de médecine.

Le maître conserva le titre de chirurgien en chef, et l'élève eut le labeur et la peine. Ce dernier avait trop de reconnaissance envers celui qui avait guidé ses premiers pas, pour accepter d'autres conditions.

Bonnet avait une réputation effrayante pour son successeur. Fort de ses études longues et consciencieuses, Fleury accepta l'héritage qu'on lui offrait, et il se montra digne de le recueillir. Les nombreux succès qu'il obtint dans sa pratique, lui valurent de nouvelles récompenses. En 1806, il fut appelé à faire partie du jury médical, et l'école de médecine de Paris le choisit pour son correspondant. En 1807, quand on organisa les écoles secondaires, il fut chargé des cours d'anatomie et de clinique externe.

Lors de ses débuts dans le monde , le jeune chirurgien de l'Hôtel-Dieu retrouva dans son oncle Bonnefoi un protecteur , dont le temps n'avait pu refroidir l'affection toute paternelle. Ce fut lui qui le présenta dans les cercles les plus nombreux et les plus influents de la ville, où son affabilité , son esprit naturel , et la réputation avantageuse qui l'avait précédé , lui valurent de nombreux amis et des clients encore plus nombreux.

Cependant , la fortune qui l'avait comblé jusque-là de ses faveurs , l'abandonna momentanément, et il eut à subir une de ces épreuves dangereuses qui compromettent trop souvent l'avenir des jeunes médecins. Quelques-unes de ses accouchées succombèrent ; une réaction violente se manifesta contre lui , les partisans de ses rivaux exploitèrent à l'envi ces événements imprévus , dont on faisait injustement peser sur lui la responsabilité , et il lui fallut tout son talent pour résister aux calomnies , dont il fut le point de mire.

Les événements qui suivirent ce premier échec, fournirent à Fleury l'occasion de montrer son caractère oublieux et bienveillant. Quelques-uns de ses détracteurs les plus acharnés réclamèrent ses services ; il jeta un voile sur le passé , et il devint pour eux ce qu'il

était pour tous, un chirurgien assidu et dé—
voué.

Complétement absorbé par ses travaux scien-
tifiques, il évita, pendant la période révolu-
tionnaire, les dangers auxquels étaient exposés
les hommes politiques..Sous l'Empire, son in-
fluence augmenta en même temps que sa réputation. Mais à l'époque de la rentrée des Bour-
bons, sa haute position ayant excité des jalou-
sies rivales, des dénonciations mystérieuses fail-
lirent lui faire perdre la place qu'il occupait à
l'Hôtel-Dieu de Clermont. Averti à temps, il se
rendit à Paris, où sa parole franche et loyale
parvint facilement à justifier un passé sans reproche et des opinions libérales modérées.

En 1820, il fut chargé du dépôt de vaccine.
On ne pouvait faire choix d'un conservateur
plus convenable ; car l'empressement qu'il avait
mis à répandre la précieuse découverte de Jen-
ner, lui avait déjà valu deux médailles d'honneur. Quelques années plus tard (1824), l'Académie des sciences, belles-lettres et arts de
Clermont-Ferrand, le reçut au nombre de ses
membres titulaires, et l'Académie royale de
médecine de Paris lui offrit, en 1825, le titre
de membre correspondant.

La Restauration avait oublié les accusations
portées contre Fleury, et chaque année, les

inspecteurs généraux signalaient au gouvernement l'exactitude avec laquelle ce chirurgien prodiguait ses soins aux militaires traités à l'Hôtel-Dieu, et l'équité et la science dont il faisait preuve, lorsqu'il était appelé à faire partie des conseils de révision. Dans tous leurs rapports, ils réclamaient pour lui une récompense justement méritée.

Leur voix fut enfin entendue, et au mois de septembre 1827, Fleury fut nommé chevalier de la légion d'honneur.

Après 1830, il fut appelé, par le suffrage du peuple, à faire partie du conseil municipal, où il défendit plus tard, avec force et conviction, l'école préparatoire de médecine, dont l'existence était menacée. Le parti dont il avait embrassé la cause, remporta la victoire, et cependant le champ de bataille lui était disputé par de rudes adversaires.

L'épidémie terrible, qui a enlevé Dance et Leroux à la médecine, venait d'éclater à Paris. On disputait encore sur la propriété contagieuse du choléra-morbus, lorsque deux médecins de Clermont, MM. Peghoux et Fleury, insouciants des dangers qu'ils pouvaient courir, et avides d'acquérir des connaissances qui pouvaient être utiles à leurs compatriotes, se rendirent dans la capitale, pour étudier le fléau

dévastateur qui décimait la population pari-
sienne.

Le 12 avril 1832 , ils étaient à l'Hôtel-Dieu
de Paris , observant les symptômes , assistant
aux autopsies , demandant aux praticiens les
résultats de leurs expériences thérapeutiques.
A leur retour, ils rapportèrent parmi nous des
documents , heureusement inutiles , mais qui
prouvent leur courage personnel et leur solli-
citude pour le bien public.

Pendant l'émeute de septembre , l'Hôtel-Dieu
de Clermont devint momentanément la rési-
dance de Fleury, qui resta en permanence dans
cet hôpital , aussi long-temps que ses secours
furent nécessaires. Oubliant ses opinions politiques , il prodigua , avec le même empressement , ses soins aux blessés des deux partis.

En 1837, quand on organisa les écoles pré-
paratoires de médecine et de pharmacie, Fleury
conserva la chaire de clinique externe , et abandonna les chaires d'anatomie et de physiologie
qu'il avait occupées pendant de longues années.

Avant cette époque, ce praticien , l'un des
plus occupés de Clermont, trouvait le temps
de préparer un cours de clinique chirurgicale
et des leçons d'anatomie ; de pratiquer de fré-
quentes opérations , et de visiter avec soin de
nombreux malades, en ville et à l'hôpital.

Son nom était fait, son avenir assuré, et son zèle ne se refroidit jamais. Toute sa vie a été une vie de labeurs et de fatigues morales et physiques.

La partie du travail, dont vous venez d'entendre la lecture, a été facile; nous avions pour nous guider des renseignements précis et nombreux; il n'en est pas de même de la seconde qui traite de l'homme, du chirurgien et de l'auteur. Les notes qui nous ont été fournies par le docteur Blatin, et les observations que nous avons recueillies auprès de quelques personnes bien informées, nous ont permis cependant de surmonter la plupart des obstacles qui nous avaient d'abord arrêté.

Fleury, de même que Portal, avait son cachet d'originalité à l'endroit de sa coiffure. Il a continué, jusqu'à sa mort, de se faire poudrer, comme on le faisait au commencement de la révolution.

Son caractère n'était pas moins original que son costume; il était formé par un assemblage de qualités et de défauts opposés, qui se montraient alternativement dans ses relations, suivant que son âme était triste ou gaie, suivant que son corps était bien portant ou malade. Cet homme, qui était naturellement bon, sensible, désintéressé, obligeant, plein d'équité, se livrait quelquefois à des emportements qui effrayaient ses clients, et indisposaient ses confrères ; il blessait sans réfléchir, mais il oubliait aussi promptement les blessures qu'il avait reçues, que celles qu'il avait faites ; il était généreux et sans haine, et toujours disposé à tendre la main à ses ennemis, quand il espérait une réconciliation sincère. Dans certaines circonstances, il était vif, tranchant, franc jusqu'à la rudesse, et un peu trop libre dans ses expressions ; dans d'autres, au contraire, il se montrait complimenteur, insinuant et plein d'adresse et d'aménité. Ordinairement il était affectueux et sans gêne, et savait capter, par ses manières affables et son exactitude, la confiance de ses malades. Les inégalités de son caractère rendaient son humeur très-variable ; aussi les étrangers ne l'abordaient-ils qu'en tremblant, quand ils venaient le consulter. Mais ses anciens clients parvenaient facilement à faire disparaître ses impatiences et sa froideur, en lui rappelant que lui seul possédait toute leur confiance.

L'ordre et l'économie qui présidaient aux dépenses de sa maison, nous expliquent l'accroissement rapide de sa fortune : nous devons dire cependant que cette économie ne fut jamais ridiculement parcimonieuse, et que bien souvent sa bourse fournit à ses clients pau-

vres et à ses opérés de l'Hôtel-Dieu des aumônes d'autant plus méritoires qu'elles étaient
ignorées (1).

On a prétendu que Fleury était matérialiste.
Nous repoussons de toutes nos forces une pa-
reille accusation. Il avait trop bien étudié les
rouages de machines vivantes, pour admettre
que des forces aveugles dirigent seules les actes
de la vie ; il avait trop souvent admiré les phé-
nomènes de la nature, pour refuser de croire
à l'existence d'une intelligence suprême régis-
sant le monde.

L'athéisme amène l'indifférence, il tue la cha-
rité et l'amour du bien général, et peu d'hommes
ont été aussi charitables et aussi dévoués à la
chose publique, que le chirurgien en chef de
l'Hôtel-Dieu. D'ailleurs, s'il fut un peu scepti-
que dans sa jeunesse, touchant certaines opinions vitalistes, il a réparé ses torts, en invo-
quant, à ses derniers moments, les secours de
la religion. Cet acte suffit pour prouver qu'il
n'était ni athée ni matérialiste, et qu'il voyait,
dans l'avenir, un autre monde au delà du monde
que nous habitons.

Le peuple avait une grande estime pour son

---

(1) Communication de M. H. Blatin.

talent chirurgical , mais il a fait une moins belle part à sa réputation de médecin. La prédilection de notre compatriote, pour la chirurgie , confirme cette opinion populaire. Dans une note lue par lui en présence de ses collègues de l'école, Fleury s'est efforcé , dans ses derniers temps , de démontrer que les chirurgiens ont toujours eu le pas sur les médecins de l'Hôtel-Dieu. Les prétentions du chirurgien en chef à la dictature sont inadmissibles , et nous félicitons notre confrère d'avoir laissé dans ses cartons un mémoire qui avait soulevé contre lui des récriminations justes , mais un peu sévères.

Depuis que les chirurgiens-barbiers ont disparu de la scène médicale , on ne peut plus établir de distinction entre les chirurgiens et les médecins. La position dans le monde , le degré d'instruction , sont ou doivent être les mêmes. Ce sont les mêmes hommes qui , armés de leur brevet de docteur, pratiquent l'une ou l'autre de ces professions, en suivant pour guide leur aptitude et leurs goûts. Tous , il est vrai , ne sont pas également bons opérateurs, parce que tous ne sont pas en position de s'exercer au manuel opératoire , mais tous sont chirurgiens et médecins; car il ne faut pas confondre le talent du chirurgien avec l'adresse presque mécanique de l'opérateur.

L'activité de Fleury était vraiment merveil-
leuse. Tous les matins, il arrivait à cinq heures
à l'hôpital, et après avoir fait sa visite et son
cours, de nombreux malades l'occupaient pendant une grande partie de la journée. Malgré
tant et de si fatigants travaux, il trouvait encore
quelques instants pour se livrer aux occupa-
tions que lui imposait sa place de conseiller
municipal.

Fleury aimait la médecine pour elle-même ;
sa clientelle et son hôpital tenaient une place
importante dans son esprit, ils étaient, après
ses liens de famille, ses plus chères affections.

Il aimait son art, pour l'art lui-même, et
tenait surtout à voir beaucoup de malades. Du
reste, *qu'on fût pauvre ou riche,* on ne frappait
jamais en vain à sa porte, quand on réclamait
ses secours. Nous avons connu bien des médecins, mais nous n'en avons jamais rencontré
de plus dévoués pour leur profession, de plus
désintéressés avec leurs clients ; nous devons
même ajouter qu'il était trop désintéressé.
Peut-être aurait-il dû imiter complétement
Dupuytren, qui, pendant vingt ans, a traité
gratuitement les pauvres et les malheureux,
tandis que l'opulence ne pouvait prétendre à
ses soins, qu'en lui livrant ses trésors. S'il
s'était moins prodigué, s'il avait estimé ses

talents à leur juste valeur , sa considération personnelle , et celle de la profession toute entière , y auraient gagné davantage ; car on estime les hommes d'après le prix qu'ils exigent en échange de leurs services.

Habile anatomiste, il exécutait les opérations d'une manière brillante et rapide , mais il manquait parfois de patience, lorsque les choses ne marchaient pas suivant ses désirs. Ce n'est pas sans quelques raisons que son ancien élève , M. Henri Blatin, après avoir rendu justice à ses qualités éminentes , a dit que Fleury ne se possédait pas assez pendant les opérations qui exigent du sang-froid et une sage lenteur. Ce reproche s'applique , d'après le même historien , à sa pratique des accouchements qu'il brusquait , dans certaines circonstances , afin d'abréger les souffrances de ses malades (1). Si Fleury avait montré plus de sang-froid , il aurait pris rang parmi les plus grands chirurgiens de notre époque.

Les personnes qui le connaissaient superficiellement, ne peuvent comprendre ces mouvements d'impatience, parce qu'elles ne savent pas que , sous l'extérieur brusque de l'opérateur,

____

(1) *Gazette médicale* de Paris , 1843 , p. 572.

battait un cœur plein de sensibilité qui voulait épargner des douleurs à ses clients, et une âme inquiète que la vue du sang alarmait et qui redoutait toujours que quelque accident imprévu ne vînt aggraver l'état de ses opérés.

Dans ses relations sociales, il se montrait plein de loyauté et de franchise, et jamais une basse jalousie ne le porta à calomnier ses confrères. Son caractère déterminé, ses décisions rapides, et le sentiment de sa supériorité, l'empêchaient trop souvent d'écouter, comme il l'aurait dû, les observations des jeunes docteurs; mais il prêtait toujours une attention toute bienveillante aux avis des médecins âgés, qui avaient mérité son estime et son affection.

Ses élèves avaient encore plus de motifs que ses collègues, de vanter sa loyauté : il se montrait sévère avec eux, mais il ne leur donnait jamais le droit d'attaquer sa justice et son impartialité.

Fleury s'est fait plutôt remarquer par son tact chirurgical, par ses observations cliniques et son adresse à manier les instruments de chirurgie, que par ses talents oratoires et son érudition. Ses leçons étaient faites avec lucidité, mais son débit était monotone et sans mouvement. Comme Boyer, dont les ouvrages lui servaient de guide, il était solide et méthodique, et revenait fréquemment sur les préceptes importants, sur les choses essentielles ; il professait enfin, comme on doit le faire en présence d'élèves novices et oublieux, qui ont besoin de comprendre et non d'être éblouis.

Fleury a peu innové ; il se tenait au courant des progrès des sciences, rapportait souvent de Paris les découvertes et les instruments nouveaux ; mais il préférait, dans sa pratique, les vieilles méthodes aux nouvelles.

Trop occupé pour écrire, il a laissé cependant une THÈSE VOLUMINEUSE SUR LA CATARACTE (1) ; un MÉMOIRE SUR LA VACCINE (2) ; un DISCOURS SUR L'HISTOIRE DE LA MÉDECINE (3), et une NOTICE SUR LES HOSPICES ET LES HÔPITAUX (4).

En 1829, il s'occupa, dans un discours lu à l'Hôtel-Dieu, à l'occasion de la distribution des prix accordés aux élèves en médecine, de LA TOPOGRAPHIE MÉDICALE DU DÉPARTEMENT DU PUY-DE-DÔME. Ce sujet avait déjà été traité avec talent, en 1828, par le docteur Tachard de Maringues, dans sa thèse inaugurale. A son retour de Paris, en 1832, il publia, conjointement avec

---

(1) Paris, 1803.
(2) Clermont, 1810.
(3) Clermont, 1816.
(4) Clermont, 1823.

le docteur Peghoux , un rapport sur le choléra-morbus asiatique, qui fut le sujet de critiques vives et spirituelles , sur le mérite desquelles nous n'avons point à nous prononcer.

Son dernier ouvrage est un discours sur l'HYGIÈNE DU DÉPARTEMENT DU PUY-DE-DÔME , qui a été lu , en séance publique , à l'Hôtel-Dieu , le 21 août 1833.

Nous ne devons pas omettre de signaler ici l'une de ses inovations thérapeutiques les plus importantes. Il est le premier qui ait appliqué le vésicatoire au traitement des plaies des articulations (1). Tout le monde sait que ce moyen a été employé depuis, avec succès, par plusieurs chirurgiens des hôpitaux de Paris.

La découverte des canaux veineux des os du crâne termine naturellement la liste des travaux de ce chirurgien. La lettre suivante , écrite par Fleury lui-même , dans une circonstance mémorable , aura le double avantage de nous indiquer la nature de ses relations avec deux hommes célèbres, Chaussier et Dupuytren , et la part qui lui revient dans la découverte qui nous occupe.

---

(1) Voyez la Dissertation inaugurale de M. Victor Fleury, Thèses de Paris, 1836 , n° 117.

Voici le texte de cette lettre qui a été insérée dans la *Gazette médicale* de Paris (1) :

« Monsieur le Rédacteur,

« Je viens de lire, dans le dernier numéro de la *Revue des deux Mondes* (15 juin), un article sur Dupuytren, dans lequel, en parlant de la découverte des veines des os, on me fait dire que je n'ai pas voulu *me fourrer entre deux voleurs*. Permettez-moi, Monsieur le Rédacteur, d'emprunter les colonnes de votre estimable journal, pour rendre compte à mes confrères de ce qui s'est passé entre Chaussier, Dupuytren et moi, relativement à cette découverte, et pour démentir une expression offensante pour la mémoire de deux hommes, dont l'un m'a honoré de sa bienveillante protection, et l'autre de son amitié.

» Pendant que j'étais aide d'anatomie à l'école de médecine, Dupuytren était prosecteur ; nous étions chargés de préparer les leçons du professeur Leclerc. Lorsque Dupuytren devint chef des travaux anatomiques, je le remplaçai comme prosecteur. La plus grande intimité régnait entre nous. Nous étions jeunes

---

(1) 1836, pag. 429.

alors , et plus occupés des intérêts de la science que de nos intérêts personnels. Nous continuâmes à nous livrer ensemble à des recherches qu'il fallut interrompre pour préparer une série de pièces anatomiques , destinées à meubler le Muséum de l'école que Thouret, son directeur, venait de faire construire. La première année fut consacrée aux préparations du système osseux , celles de la tête m'échurent en partage; j'eus l'idée d'enlever avec un ciseau et un maillet la table externe des os du crâne , afin de mettre en évidence le diploé. Cette préparation ne m'avait pas été demandée par le professeur Chaussier , comme il l'a dit dans la préface de l'ouvrage qu'il a publié en 1807.

» En y travaillant , je trouvai, entre les deux tables des os plats du crâne , des canaux bien distincts , dont on avait ignoré l'existence jusqu'alors. Je m'empressai de les faire voir à Dupuytren. Le lendemain , je les mis à découvert sur le cadavre , et après avoir fait la ligature des artères carotides et des veines jugulaires , nous y injectâmes du mercure d'abord , et ensuite des graisses colorées. Ces deux substances ayant pénétré dans les veines , ainsi que dans les sinus méningiens , nous en conclûmes que les canaux que j'avais découverts , étaient destinés à loger les veines des os plats du crâne.

Des recherches ultérieures nous apprirent que
leur développement était toujours en rapport
avec celui du système veineux , et que leur ca-
pacité augmentait avec l'âge. Dupuytren s'em-
pressa de lire à la société de médecine une notice sur ces canaux, qu'il fit voir sur la pièce
que j'avais préparée ; il présenta cette découverte comme nous étant commune. En pour-
suivant nos recherches , nous trouvâmes les
canaux veineux des os courts, ceux des extré-
mités des os longs , et enfin, ceux des cartilages.
Leur description , ainsi que celle des veines
qu'ils renferment, fit partie d'une suite de
propositions que Dupuytren présenta à l'écolé
de médecine , en 1801 , pour son admission au
doctorat. Je m'estimai heureux d'avoir contri-
bué à lui fournir l'occasion de traiter un sujet
neuf dans sa dissertation inaugurale.

» Je quittai Paris en 1807. Deux ans après ,
je reçus du docteur Chaussier une lettre très-
flatteuse, accompagnée de l'ouvrage qu'il venait de publier sur l'encéphale. Je ne pus m'em-
pêcher de sourire , en voyant que l'auteur
cherchait à persuader au public qu'il m'avait
mis sur la voie d'une découverte, dont il m'at-
tribuait tout l'honneur, sans dire un mot de
Dupuytren , dans la thèse duquel il avait largement puisé. Je savais que le professeur de

physiologie et le chef des travaux anatomiques ne vivaient pas en bonne intelligence, et je fus convaincu que cet oubli était volontaire ; mais je n'avais pas à me mêler de leurs querelles, et je remerciai Chaussier, sans lui parler de Dupuytren. Ma lettre venait de partir, quand j'en reçus une de ce dernier, écrite *ab irato*. « J'ai voulu, disait-il, en annonçant à la société de l'école de médecine la découverte des canaux veineux des os, unir nos deux noms, afin de perpétuer le souvenir de notre amitié. Nous ne devons pas souffrir qu'un homme qui n'y a pris aucune part, vienne se placer entre nous. C'est une infamie contre laquelle vous devez réclamer. » Je lui répondis : que je serais toujours disposé à rendre hommage à la vérité, s'il m'en fournissait l'occasion, mais que je ne voulais pas engager une polémique, dont il devait prendre l'initiative, puisqu'il était le seul qui eût écrit, et que c'était de lui que Chaussier avait omis de parler. Je finissais ma lettre, en lui disant que j'attachais peu d'importance au rôle que Chaussier voulait jouer dans cette affaire. J'ignore si ma réponse lui déplut. Je l'ai vu plusieurs fois depuis ; il n'a jamais été question entre nous des canaux veineux des os, et cette découverte n'eût pas été l'objet d'une réclamation de ma part, si je n'avais craint, par mon silence, d'accréditer le propos que l'on m'a prêté. »

Agréez, Monsieur le Rédacteur, etc...

FLEURY.

Nous n'insisterons pas davantage sur une découverte, dont vous avéz compris toute l'importance, en voyant deux hommes, riches de travaux précieux, s'efforcer de diminuer à leur profit le mérite de notre laborieux compatriote.

Avant de terminer, j'ai à vous dire un mot de la maladie du chirurgien en chef de l'Hôtel-Dieu. Un germe funeste, lent dans ses progrès, fatal dans ses conséquences, s'était annoncé chez lui depuis plusieurs années. Il y a quatre ans, Fleury se rendit à Paris, pour consulter ses confrères de la capitale. Une tumeur squirreuse s'était développée dans la fosse iliaque du côté droit ; elle faisait des progrès lents, mais elle s'accroissait chaque jour. Un traitement de plusieurs mois enraya la maladie, et Fleury revint à Clermont plein de force et surtout plein d'espérances.

S'il avait apprécié son état, à son retour, il est probable que sa vie aurait été moins courte; mais il se livra de nouveau aux fatigues de la clientelle, et bien des fois, il se leva la nuit, souffreteux et plus malade que les malades qu'il allait assister.

Enfin, au commencement du printemps de 1843, des fatigues répétées achevèrent de détruire ses forces et sa santé, et l'émotion douloureuse qu'il éprouva, le 13 avril, fut le signal de sa retraite définitive ; il se retira à Lyde, et abandonna Clermont pour toujours.

La tumeur abdominale avait augmenté de volume, et ses chirurgiens perdirent bientôt toute espérance. Il reconnut lui-même la gravité de son état, et pendant quelques jours, il fut en proie à des accès de mélancolie et de désespoir qui furent bien pénibles pour lui et pour ceux qui l'entouraient. Dans les derniers temps de sa vie, Fleury redevint calme, et montra une résignation philosophique qui ne démentit plus jusqu'à sa mort. Il a conservé jusqu'à la fin la plénitude de ses facultés cérébrales, et quelques jours avant de succomber, il s'est occupé, avec le plus grand sang-froid, de son enterrement et du lieu qu'il avait choisi pour sa sépulture (1).

Ce dut être un moment bien affreux que

____

(1) Fleury a été enterré dans le cimetière de Gerzat, le 10 août 1843.

celui où ce chirurgien entrevit, pour la première fois, l'incurabilité de sa maladie. Il dut bien souffrir, le jour où toute espérance fut perdue, le jour où il vit la mort, lente et implacable, s'avancer vers lui, accompagnée d'angoisses et de douleurs affreuses !

Les hommes du monde cherchent souvent à arracher à leurs docteurs le secret de leur avenir ; qu'ils réfléchissent aux longues nuits, sans sommeil, pendant lesquelles le médecin voit passer devant ses yeux affaiblis, comme un panorama de fantômes qui lui rappellent les malades atteints du même mal que lui, et pour lesquels les ressources de la médecine ont été impuissantes, et il reculera effrayé devant la connaissance de la vérité.

Ces courtes réflexions suffisent pour vous donner une idée des douleurs éprouvées par notre compatriote, et pour vous faire comprendre combien furent désespérantes les pensées qui l'ont accompagné jusqu'au bord de la tombe.

Regrettons le chirurgien, Messieurs, mais ne regrettons plus l'homme, car il est bien heureux d'être délivré de pareilles souffrances.

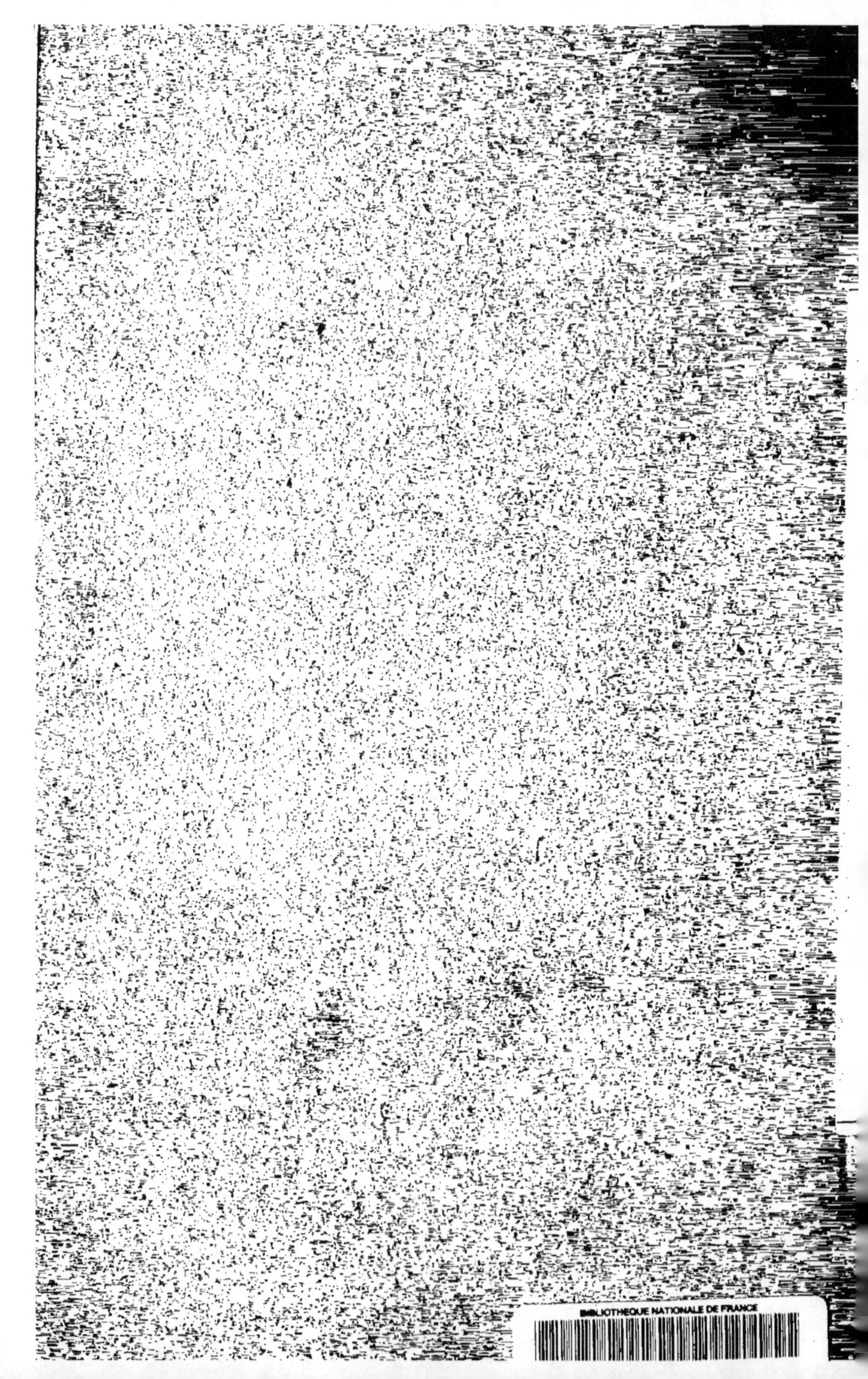

www.ingramcontent.com/pod-product-compliance
Lightning Source LLC
Chambersburg PA
CBHW071411030726
47594CB00006B/2393